AF311958

LA VEUVE DE CANCALE,

PARODIE

DE LA VEUVE DU MALABAR,

EN TROIS ACTES ET EN VERS.

Par M. PARISAU.

Représentée pour la premiere fois sur le Théâtre de la Comédie Italienne, le 3 Octobre 1780.

A PARIS,

Chez VENTE, Libraire des Menus-Plaisirs du Roi & des Spectacles de Sa Majesté, rue des Anglois.

M. DCC. LXXX.

Avec Approbation & Permission.

ACTEURS.

LASSANA, *Veuve du grand Colas, Bedeau de Cancale*, Mme. Julien.

SUZON, *Chambriere de la Veuve*, Mlle. Carline.

LE BAILLI *de Cancale*, M. Roziere.

LE GREFFIER *de Cancale*, M. Remon.

BRISEFER, *Sergent de Milice*, M. Ménier.

FENDANT, *Soldat de Milice*, M. d'Orgeville.

UN VALET-DE-CHAMBRE *du Seigneur de Cancale*, M. Favart.

UN PROCUREUR, M. Coraly.

UN RECORS, M. Dufrénoy.

SOLDATS DE MILICE.

TROUPES DE PAYSANS.

La Scène se passe sur la Place publique de Cancale.

LA VEUVE
DE CANCALE,
PARODIE.

ACTE PREMIER.

Le Théâtre repréfente une Halle, un Puits au milieu de la Place. Au lever de la toile, le Bailli eft entouré de Payfans qui pleurent.

SCENE PREMIERE.

LE BAILLI, *feul.*

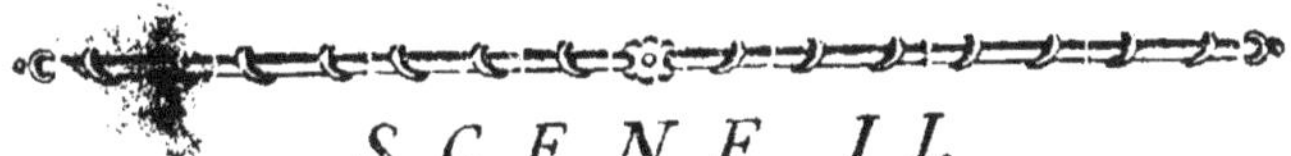

LE Bedeau, grand Colas, a terminé fa vie ;
Qu'on fache fi fa Veuve à l'ufage affervie,
Conformant fa conduite aux mœurs de nos climats ;
Se prépare ce foir à paffer dans mes bras ;
C'eft une loi puiffante, antique & générale
Dans tous les alentours du reffort de Cancale.

SCENE II.
LE BAILLI, LE GREFFIER.

LE BAILLI.

VOUS êtes mon éleve, & j'en fuis très-content ;

C'eft moi qui vous appris à plumer un client;
Vous ferez le premier des garçons de la noce.

LE GREFFIER.

Quoi ! vous profiteriez d'une coutume atroce !
Et quand ? Lorfqu'en ces lieux chacun tremble pour foi ;
La milice, à Cancale, a répandu l'effroi ;
Chacun d'un billet noir craint la funefte chance ;
L'amante d'un amant va déplorer l'abfence ;
La mere voit fon fils, d'un regard affligé,
S'éloigner d'un moufquet péniblement chargé.
Et vous, d'un trifte hymen ferrant le nœud critique,
Vous voudriez danfer dans la douleur publique.

LE BAILLI.

Qu'importe ! Laffana doit céder à fon fort.
Penfez-vous que du fang dont on fait qu'elle fort.....

LE GREFFIER.

Faut-il fiffler ainfi, pour nous parler en maître ?

LE BAILLI.

Elle m'époufera, j'en fuis certain.

LE GREFFIER.

Peut-être.

LE BAILLI.

Je dois en Magiftrat faire parler la loi,
Surtout quand je fuis fûr qu'elle parle pour moi.
Veuf, je puis fuccéder au mari qui trépaffe ;
Si la Veuve y répugne, elle en fouffre, elle paffe
Des jours tiffus d'ennui, on craint de l'approcher ;
Aucun du bout du doigt n'oferoit la toucher ;
Par ma main elle échappe à ce mépris injufte :
Greffier, j'en fais ma femme, & cet hymen augufte
Satisfait à la fois fon orgueil & fon cœur.

LE GREFFIER.

Votre ufage eft barbare, & j'en hais la rigueur :
Epoufer une femme au fortir d'efclavage,
C'eft lui rafler tout net les profits du veuvage ;
On ne prend un mari que pour le perdre un jour,
La Veuve de l'hymen appartient à l'Amour.

LE BAILLI.

Quand vous voudrez parler, commencez par vous
    taire,
Ou du moins attendez qu'un Bailli vous éclaire ;

Vous ne favez donc pas fous quel fceptre d'airain
L'ufage impérieux courbe le genre humain.
L'Orient a des mœurs qu'ailleurs on juge infames.
Le grand Turc n'a qu'un cœur, le grand Turc a cent
       femmes ;
Un férail rigoureux renferme leurs appas,
Gardés par des Meffieurs, qui pourtant n'en font pas.
Et jamais ces beautés, quoique leur cœur foupire,
Ne mettent fur fon front les armes de l'Empire.
C'eft le nombre d'amans qui diftingue au Japon ;
En courtifant fa femme on honore un Lapon.
Mife en communauté, la femme au bord du Gange,
Circule ainfi que l'or, & fe troque & s'échange ;
Et fans aller plus loin, apprenez qu'à Paris,
Les amans font reçus fans facher les Maris.

SCENE III.

LE BAILLI, LE GREFFIER, UN PROCUREUR.

LE BAILLI.

PROCUREUR étonnant, car vous êtes honnête,
Qu'allez-vous m'annoncer ?

LE PROCUREUR.

         Seigneur, la Veuve eft préte ;
Et vous l'épouferez fi-tôt qu'il vous plaira.

LE BAILLI.

Elle en parle à fon aife ; allons, conduifez-la
Chez le Notaire ; & vous, Suppôt de la chicane,
Du Coutumier Breton, infatigable organe,
Maintenez cette loi qui réferve au Bailli.

LE GREFFIER.

N'y comptez pas, Seigneur, quand j'ai dit oui, ceft oui ;
Je détefte une loi que la raifon abhorre ;
Vous époufer, Bailli, c'eft être veuve encore,
C'eft l'être avec des fers ; je ne fouffrirai pas
De vous voir par l'hymen annuller tant d'appas.
Un contrat doit-il être un acte involontaire ?

C'eſt pour teſter, Bailli, qu'il vous faut un Notaire.

LE BAILLI.

J'écoute, & c'eſt beaucoup ; ne me répliquez plus.
Exécutez, Greffier, mes ordres abſolus,
La loi veut, il ſuffit ; courbez-vous devant elle,
Soyez humble, du moins, ſi vous n'êtes fidele.

SCENE IV.

LE BAILLI, UN VALET-DE-CHAMBRE.

LE BAILLI.

Quel ſujet ſi preſſant vous amene vers nous ?

LE VALET.

L'ordre de Monſeigneur.

LE BAILLI.

Eh bien ! qu'annoncez-vous ?

LE VALET.

Il penſe......

LE BAILLI.

Il a cela de plus que beaucoup d'autres.

LE VALET.

Pour ſes intérêts donc, ainſi que pour les vôtres,
Il croit qu'il conviendroit de différer ces nœuds ;
La milice, en effet, eſt contraire à vos feux ;
Briſeſer eſt en route ; on craint que ſes recrues
De héros tous frais faits, peuplant au loin les rues,
Ne gênent un hymen dont on murmure un peu.

LE BAILLI.

J'obéis à regret, qu'on le lui diſe. Adieu.

SCENE V.

LE BAILLI, *ſeul.*

Attendre & différer ! quel obſtacle l'arrête ?

Seroit-il par hafard friand de ma conquête ?
Monfeigneur voudroit-il dans fes defirs gênants,
Pere de fes vaffaux, l'être de leurs enfants ?
Me ravit-il le droit de prétendre à la Veuve ?
A quoi me réduiroit une pareille épreuve ?
Je ne ferois Bailli que pour faire du bien !
L'ennuyeufe befogne, autant vaut n'être rien.
« Cette loi bienfaifante une fois rejettée,
» Que nous refteroit-il ? Une coutume ôtée,
» L'autre tombe, nos droits les plus faints, les plus chers ;
» Nos honneurs font détruits, nos tribunaux déferts ».
Sortons, j'entends la Veuve, elle fe défefpere ;
Sa douleur m'attendrit, & j'ai peur de m'y faire.

SCENE VI.

LASSANA, SUZON.

SUZON.

Madame, eft-il bien vrai que vous avez promis ?

LASSANA.

L'ufage le demande, & mon cœur s'eft foumis.
Suzon, ma chere enfant, tu naquis en Champagne,
Tu ne fais pas les loix de la Baffe-Bretagne ;
Que veux-tu, le guignon pourfuit mes triftes jours,
L'opiniâtre guignon les pourfuivra toujours.

SUZON.

Un hibou vieux & laid ; vous, jeune encore, & belle,
Quel dommage !

LASSANA.

Il eft vrai, la coutume eft cruelle,
Car enfin, quel profit peut me faire un vieillard
Afthmatique, goutteux, caterreux, béquillard,
Qui m'offre des baifers au moins fexagénaires,
Et qui les compte encore ;

SUZON.

Et qui n'en compte gueres.

LASSANA.

Trop fortuné pays, où la femme au bûcher

Suit fon mari qui meurt ! Là, fans fe détacher.....

SUZON.

C'eft tout comme à Paris, le mari mort, fa femme
Brûle pareillement ; mais c'eft d'une autre flamme.

LASSANA.

Oh ! tu ne fais pas tout, mon mari, grand Colas...

SUZON.

L'étoit-il bien ?

LASSANA.

Oui, car je ne l'aimois pas.

SUZON.

Je le crois bien, vraiment, d'ordinaire on s'en pique.

LASSANA.

Ma fituation eft-elle affez tragique ?
J'abhorre mon époux, il meurt, le ciel eft bon :
La loi m'en donne un autre, & me donne un barbon ;
Ce n'eft pas tout....

SUZON.

Quoi ?

LASSANA.

J'aime....

SUZON.

O ciel !

LASSANA.

Heure fatale,
Où Vannes, en s'éloignant, me laiffa voir Cancale :
Je quittai mon pays, je ne fais pas pourquoi ;
Je ne fais pas comment j'arrivai, mais pour moi
C'en eft fait. Alors on tiroit la milice,
J'apperçus le Sergent, je lui rendis juftice ;
Son air étoit fi doux, fon regard fi flatteur,
Qu'on eût dit que l'Amour s'étoit fait racoleur.
Mon pere aimoit à boire, & tous les trois nous bûmes ;
Il me vit, je lui plus, il me plut, nous nous plûmes.
O douleur ! il fallut joindre le régiment.
Grand Colas m'époufa. Voilà tout le roman.

SUZON.

Où vit votre amoureux ?

LASSANA.

Je ne puis te le dire.

SUZON.

Il vous écrit du moins.

LASSANA.

Il ne fait pas écrire.

SUZON.

Peut-être favez-vous comme il s'appelle.

LASSANA.

Non.

La piece finiroit, fi je favois fon nom.

SUZON.

Je vois de votre époux avancer un Miniftre,
C'eft un Greffier au moins, à fon regard finiftre.

LASSANA.

Le magot.

SCENE VII.

LASSANA, LE GREFFIER.

LE GREFFIER.

» JE reçois ainfi des deux côtés
» Des reproches cruels & fi peu mérités :
Vous me croyez fort dur, vous vous trompez, Madame ;
Tout Greffier que je fuis, je fuis bon, j'ai de l'ame ;
L'autel eft élevé, ma main vous y conduit
Époufer le fquelette, où la loi vous réduit ;
Mais c'eft pour le brifer.

LASSANA.

Quel intérêt fi tendre,
A mon fort malheureux, un Greffier peut-il prendre ?
Vous aux pleurs endurci, vous nourri dans la loi.

LE GREFFIER.

Hélas! ce métier-là n'étoit pas fait pour moi :
Mon cher pere endetté, redoutant la juftice,
M'abandonna tout jeune aux foins de ma nourrice
Sans la payer : le fort ici m'a tranfporté,
Victime, ainfi que vous, de la néceffité.
J'y fuis pour détefter le Greffe & la chicane,
Et le jour malheureux où je fortis de Vannes.

B

LASSANA.

De Vannes, attendez donc, je fuis de Vannes auffi;
Si nous allions tous deux nous reconnoître ici!
Le moyen eft ufé; mais qu'importe... Ah! mon frere.

LE GREFFIER.

Ah! ma fœur.

LASSANA.

Quoi! c'eft vous?

LE GREFFIER.

Laffana, quoi! c'eft toi?

LASSANA.

C'eft moi, c'eft toi, c'eft nous, je ne fais pas pourquoi;
N'épuifons pas nos cris & nos geftes : je penfe
Que nous aurons encore une reconnoiffance.

LE GREFFIER.

Ah! çà, que ferons-nous?

LASSANA.

L'honneur commande, hélas!
J'époufe le Bailli.

LE GREFFIER.

Cela ne fera pas.

LASSANA.

Que me dis-tu? vois donc, vois quelle eft ma mifere:
» Tu dois haïr ta fœur, fi tu naquis fon frere.

LE GREFFIER.

Ah! fuyons un pays où l'on a la noirceur
D'abandonner fa femme, & de haïr fa fœur;
» Nous n'avons de tes jours, pour ne rendre aucun
        » compte,
» Qu'à mettre l'océan entre nous & la honte.

LASSANA.

Ah! que c'eft bien parler.

LE GREFFIER.

Nous irons à Paris;
C'eft-là que de tout temps le mérite eut fon prix:
Toi, tu t'occuperas des pompons de la mode :
Moi, ma fœur, de Cujas, du Digefte & du Code;
Je fuis fûr des profits de la cupidité,
Tu l'es des revenus de la frivolité:

Suis-moi donc à Paris, viens, ou plutôt, ma chere,
Je vais t'y devancer.

L A S S A N A.

Je m'y perdrois, mon frere :
Comment t'y retrouver ?

L E G R E F F I E R.

N'en prends point de souci ;
Quand on peut, de si loin, se retrouver ici,
Il faudroit une étoile à tous deux bien fatale
Pour n'en pas faire autant dans une Capitale.
Adieu ; ne change point de résolution :
C'est un peu ton défaut, & j'en suis caution.
Jusqu'au revoir.

L A S S A N A.

Il parle aussi-bien qu'il raisonne ;
Et parleroit bien mieux, s'il n'imitoit personne.

S C E N E V I I I.

L A S S A N A, S U Z O N.

S U Z O N.

L'Hymen est suspendu, quel heureux contretemps!
Vous n'auriez pas plus, Madame ; & si le temps.....

L A S S A N A.

L'eusse-tu cru, Suzon ; ce Greffier est mon frere ;
Ma mere fut la sienne, & peut-être mon pere
Est le sien ; il tempête ; il veut absolument
Que le Bailli renonce à notre engagement.

S U Z O N.

Tant mieux, tant mieux, Madame ; allez, laissez-le faire.

L A S S A N A.

L'honneur me le défend, Suzon.

S U Z O N.

Quelle chimere!
Qu'est-ce donc que ce mot dont on fait tant de cas ?
L'honneur console-t-il des plaisirs qu'on n'a pas ?

LASSANA.

Il n'eſt qu'un ſeul mortel, oui, mon cœur le confeſſe,
Qui pût me décider à trahir ma promeſſe.

SUZON.

Et cet honneur farouche?

LASSANA.

     Ah! peu m'importeroit,
Mon cœur ſeroit content, & l'honneur ſe tairoit.

SUZON.

Sortons, vous raiſonnez comme une Tragédie.

LASSANA.

La plus folle ſouvent eſt la plus applaudie.

Fin du premier Acte.

ACTE SECOND.

SCENE PREMIERE.

BRISEFER, *Soldat tambour. Il arrive au bruit
du tambour, ſes Soldats le précédent ; il ſe campe
au milieu, comme le Kain dans Mahomet.*

BRISEFER.

Que l'on diſe au Bailli d'aſſembler les milices ;
Je pars, accompagné de ces ſoldats novices ;
Raſſurez les pêcheurs allarmés ſur ce port ;
J'ai pris ſoin qu'aucun d'eux ne s'expoſât au ſort ;
Je reſpecte Cancale, & j'aime à tant de titres
Les mortels conſacrés à leur pêcher des huitres.
Allez.   (*Les ſoldats ſortent. Fendant reſte*).
  Tu crois peut-être, ami fidele & cher,
Qu'ici le devoir ſeul a conduit Briſefer ;
J'aime, ou plutôt j'adore une aimable Bretonne ;
Tu n'y comptois pas trop, & mon amour t'étonne ;

Mais les plus grands héros étoient tous amoureux,
Careffé par l'Amour, je m'en battrai bien mieux.
Va trouver Laffana ; c'eft ma beauté, c'eft elle ;
Dis-lui qu'à fes ferments Brifefer eft fidele ;
Fais qu'elle me prépare un fecret entretien :
Si tu ne la vois pas, tu ne lui diras rien.
La maifon qu'elle habite, eft, je crois, la premiere ;
» Et met avec fon nom fes deftins en lumiere.

(Fendant fort).

SCENE II.

BRISEFER, *feul.*

JE tremble ; Laffana, m'as-tu gardé ta foi ?
Tu n'as que dix-huit ans, & j'érois loin de toi.
Ah ! les abfents ont tort, & perdent leur mérite.
Celui qu'on ne voit pas, eft oublié bien vîte.

SCENE III.

BRISEFER, FENDANT.

BRISEFER.

EH bien !

FENDANT.

Je ne fais rien, je n'ai pu m'avancer ;
Les payfans en troupe empêchent de paffer,
Et toute la bagarre eft pour un mariage
Qui fait frémir.

BRISEFER.

Comment ?

FENDANT.

Oui, mon Sergent ; l'ufage
Donne au Bailli le droit d'époufer à fon choix
La Veuve qui lui plaît : un très-joli minois
Eft tombé fous fa coupe ; il l'époufe : on en pleure ;
Et cet accident-là va finir tout-à-l'heure.

BRISEFER, *furieux.*

Je l'en empêcherai, quoi qu'il puffe arriver ;

Je ne la connois pas, & je vais la fauver ;
J'ai pourtant bien promis d'être enfin un peu fage ;
Et par-tout où j'irois, de refpecter l'ufage ;
Mais l'ufage eft cruel, & mon cœur ne l'eft pas.
J'apperçois l'époufeur qui s'avance à grands pas.

SCENE IV.

Les Acteurs précédents, LE BAILLI.

LE BAILLI.

Superbe Brifefer, eh mais, quel bruit vous faites !
Oubliez-vous nos mœurs & les lieux où vous êtes ?

BRISEFER.

Ah ! ah ! grave Bailli, vous voilà donc ? c'eft vous
Qui vous mêlez auffi de vouloir être époux ;
Et fûr d'être odieux avec un tel vifage,
Vous ofez invoquer un tyrannique ufage !
Il vous fied bien d'aimer ! Le bel adorateur !
Un Bailli de Cancale a-t-il encore un cœur ?
Jugez ; mais n'aimez pas ; la raifon vous l'ordonne :
Défendez tout le monde, & n'époufez perfonne.
J'apporte deux partis ; acceptez l'un des deux :
Je vous preffe en ami d'abandonner ces nœuds ;
Si vous y perfiftez, ma main vous en délivre,
Et vous affomme ici pour vous apprendre à vivre.

LE BAILLI.

Quelle eft donc ton audace ?

BRISEFER.

Ah ! tu me connoîtras.

LE BAILLI.

Pour me parler ainfi, quel droit as-tu ?

BRISEFER.

Mon bras.

LE BAILLI.

» Veux-tu déraciner de ta main infernale
» Cet antique cyprès qui couvre tout Cancale ?

BRISEFER.

J'y porterai le fer.

LE BAILLI.

C'eſt ce qu'il faudra voir;
Tes menaces n'ont rien qui me puiſſe émouvoir.

BRISEFER.

Tu n'as donc, malheureux, jamais verſé de larmes?

LE BAILLI.

J'en ai bien fait couler, chaque choſe a ſes charmes.

BRISEFER.

Tigre, j'arrêterai tes excès inhumains;
Tes feux de ſoixante ans par moi ſeront éteints:
Ce que ma voix n'a pu, cent ſoufflets vont le faire.

SCENE V.

Les Acteurs précédents, UN RECORS.

LE RECORS.

Bailli, la Veuve attend; elle eſt chez le Notaire:
Venez ſerrer enfin cet aimable lien:
Venez prendre avec nous. . . .

BRISEFER.

Oh! tu ne prendras rien;
Je te ſuis; j'abolis ton horrible coutume,
Les exploits du Bailliage, & les vols de la plume.
Tu me verras bientôt l'eſpadron à la main:
Je ſuis le defenſeur du ſexe féminin.
Reſſemble-moi, renonce au droit que tu réclames:
Jamais un bon François ne chagrina les Dames.

LE BAILLI.

Dans le fond de ton cœur, ſois François comme moi.
Ne me reproche rien. Adieu.

BRISEFER, *furieux.*

Retire-toi.

SCENE VI.

BRISEFER, FENDANT.

FENDANT.

AH ! d'indignation tout mon cœur se souleve.
Ami , suivons l'infame, & que ma main l'acheve;
Désoler un Bailli, c'est venger l'univers :
Mais, quelle est la beauté que ce Bailli pervers
A ses vieilles ardeurs destine & sacrifie?
Elle est Basse-Bretonne ; elle est jeune & jolie.....
Ah! si c'étoit l'objet dont mon cœur est épris ;
Mais, ne devinons rien pour être mieux surpris.
(ils sortent).

SCENE VII.

LASSANA, *seule.*

LIEU fatal ! c'est ici qu'incessamment je jure
De haïr le Bailli sans craindre le parjure :
Voilà donc mon destin : voilà mon triste sort ;
Encore vivante, hélas! j'épouse un vieillard mort.
Mais l'honneur me l'ordonne , & cet honneur farouche,
S'il n'est pas dans mon cœur, est souvent dans ma bouche.
O toi , que mon cœur aime en dépit de la loi!
Es-tu mort, marié, ne vis-tu plus pour moi?

SCENE VIII.

LASSANA, LE BAILLI.

LE BAILLI.

MADAME, je vous cherche, & le tout pour vous dire
Que notre hymen est prêt : le petit cœur doit rire ;
M'épouser, est un bien que vous n'attendiez point ;
Vous montez aux grandeurs par le nœud qui nous joint.

Ma main répare ici les torts de la nature ;
Et vous voilà, mon choux, dans la Magistrature.

LASSANA.

Oui, je m'immolerai ; c'est votre bon plaisir ;
La loi l'ordonne, hélas ! bien plus que mon desir ;
Mais n'en doutez jamais : Bailli, je vous déteste ;
Et s'il vous arrivoit quelqu'accident funeste. . . . .

LE BAILLI.

Je ne crains rien ; mon œil veillera tant sur vous. . . .

LASSANA.

Vos pareils le font tous, en dépit des verrous.

LE BAILLI.

Mes pareils font des sots.

LASSANA.

C'est ce que j'allois dire.

LE BAILLI.

Ouais, ma chere enfant, eh ! qui donc vous inspire
Ce mépris de nos loix, cet oubli de nos mœurs ?
Ah ! j'y suis, c'est le chef de tous ces Racoleurs.
Tu l'écoutes, poulette ; il t'en conte, ah ! mignonne,
Ecoute-moi plutôt, moi qui pense & raisonne.

LASSANA.

Raisonnez donc assez pour ne pas m'épouser :
Votre âge avec le mien peut-il sympatiser ?

LE BAILLI.

C'est être bien ingrat de haïr la vieillesse ;
Car nous autres vieillards nous aimons la jeunesse :
Mais d'ailleurs, je suis mûr, & je ne suis point vieux.
A l'âge où l'on plaît moins, petite, on aime mieux.
Je vais de ton bonheur hâter l'instant propice ;
Reine, encore une fois, que l'amour te fléchisse :
Ma main est un honneur ; & quand tu dois choisir. . . .

LASSANA.

Ah ! j'aimerois bien mieux que ce fût un plaisir.

SCENE IX.

LASSANA, LE GREFFIER.

LE GREFFIER.

NE crains plus ; du Bailli nous trompons la malice,
Un guerrier subalterne, un héros de milice
Obtient de Monseigneur qui le confirme à tous,
Qu'on te laisse le droit de choisir un époux.

LASSANA.

Il ne s'informoit point quelle étoit la victime ?

LE GREFFIER.

Eh ! qu'importe, ma sœur, le motif qui l'anime ?
Votre délicatesse a des retours plaisants.

LASSANA.

Retenez-le, mon frere, il en est encore temps.
(à part).
Brisefer seul.

LE GREFFIER.

Ma sœur, vous avez un sot style.
Prêt d'épouser un siecle, est-on si difficile,
Ne vaudroit-il pas mieux suivre un fat inconnu,
Que de faire à Cancale un hymen saugrenu ?
Tantôt l'honneur vous parle, & vous voilà bégueule ;
Tantôt l'amour vous pique, & vous conversez seule.
Aujourd'hui vous voulez, pour refuser demain.
A tout ceci, ma sœur, mettez donc une fin ;
Mais votre défenseur vers nous marche & s'avance.

LASSANA.

L'honneur m'ordonne encore d'éviter sa présence.

LE GREFFIER.

L'honneur est bien gênant : aussi beaucoup de gens
S'en passent-ils.

SCENE X.

LE GREFFIER, BRISEFER.

LE GREFFIER.

O Vous le héros des Sergens !
Vous devez m'estimer, je suis Greffier & tendre.

BRISEFER.

Je sais, de tes pareils, ce qu'on a droit d'attendre :
Laisse-moi.

LE GREFFIER.

Vous croyez qu'apôtre du Bailli.…

BRISEFER.

Qu'importe ? Je me moque & du Greffe & de lui.

LE GREFFIER.

Daignez m'entendre, au moins ; cette beauté docile
Que menace un hymen tout au moins inutile,
Elle est ma sœur.

BRISEFER.

Comment ?

LE GREFFIER.

Ma foi, je n'en sais rien.

BRISEFER.

Greffier, tu te sers-là d'un bien petit moyen.

LE GREFFIER.

On me l'a déjà dit.

BRISEFER.

Je consens à te croire.
Hé bien ! tu souffriras qu'une action si noire
S'acheve, & que ta sœur dont on surprend la foi,
Sous tes yeux consternés obéissent à la loi.

LE GREFFIER.

Son malheur est plus grand qu'on ne le pense ; elle aime,
Son amoureux absent la livre ici lui-même.

BRISEFER.

Et le fat est à l'ombre, il a peur du Recors.
Si j'étois cet amant, si je l'étois.… ah ! mort !

Bailli, cette main-là, fans fecours & fans gardes,
Auroit colaphifé ton vifage à nafardes,
Ton fang....

LE GREFFIER.

Calmez, Seigneur, ce trop jufte couroux.
Laffana, c'est ma fœur; fon amoureux, c'eft vous.

BRISEFER.

Qu'entends-je ? Laffana ! quel nom ! tu l'as dit Veuve ?

LE GREFFIER.

Tout en vous chériffant : oui, Seigneur, & la preuve,
C'eft qu'elle a détefté celui dont le trépas
L'abandonne au Bailli....

BRISEFER.

Qui ne l'obtiendra pas.
Je ne m'étonne plus de cet inftinct fidele,
Qui, dans mon cœur furpris, parloit tout haut pour elle :
Périffe le Bailli ! courons, & que ma main....

LE GREFFIER.

Oh ! moins de pétulence, ou notre effort eft vain.

BRISEFER.

Que peux-tu donc pour elle, en ce péril extrême ?

LE GREFFIER.

Il eft un fouterrain, caché dans ces murs même,
Et par où l'on prétend qu'une beauté jadis
Fut fouftraite à prix d'or à l'hymen des Baillis;
Il répond à ce puits où ce foir on s'affemble;
Là, pendant que nos gens converferont enfemble....

BRISEFER.

Ne te trompes-tu pas, ami ? Ce trou caché
Depuis l'événement devroit être bouché.
Comment, nouveau venu, débarquant même encore,
Sais-tu ce qu'en effet tout le village ignore ?

LE GREFFIER.

Vous critiquez toujours, qu'importe le comment ?
J'ai befoin de ce trou pour notre dénouement.
Marchons, mon Officier, faifons ici des nôtres.
Et qu'un effort dernier l'emporte fur les autres.

Fin du fecond Acte.

ACTE TROISIEME.

SCENE PREMIERE.

LE GREFFIER, SUZON.

SUZON.

Arrêtez donc, Monsieur, vous courez comme un
basque.

LE GREFFIER.

Ah ! ce maudit Bailli nous a fait une frasque.

SUZON.

Quoi donc ?

LE GREFFIER.

Accompagné d'un essaim de Recors,
Il a de Brisefer rompu tous les efforts ;
L'autre a, comme il a pu, lutté contre le nombre ;
Mais ses gens sont battus, & lui-même est à l'ombre.

SUZON.

Adieu notre espérance.

LE GREFFIER.

Oh ! que non ; le Bailli
Va, de mon désespoir, être encore assailli ;
Je lui remets son Greffe, & je redeviens homme.
Il n'est pas mon beau-frere ; & je veux qu'on m'assomme,
Si Lassana l'épouse : allez lui déclarer,
Que pour l'en affranchir, je vais tout préparer.

SCENE II.

LE GREFFIER, *seul.*

J'admire ce Bailli : certain que je l'abhorre
Pour me rendre inutile, il n'a rien fait encore :
C'est qu'il me connoît trop, à la fin, j'en rougis,
Car je parle toujours, & jamais je n'agis.

SCENE III.

LE BAILLI, LE GREFFIER,
TOUS LES PAYSANS.

LE BAILLI.

Peuple, foyez en paix, c'eft moi qui vous déivre
Des tranfports effrenés de ce Racoleur ivre;
Il alloit abolir, (Citoyens, j'en frémis),
Une loi que l'Amour dicta par les Baillis;
Par qui, la moindre Veuve, en quittant fa chaumiere,
Peut s'unir à mon fang, & marcher la premiere.
Des Recors qui l'ont pris, nul ne s'eft ébranlé:
Pour la premiere fois, nul d'eux n'a reculé:
Duement emprifonné par mon ordre fuprême,
Il m'a rendu le calme; & la beauté que j'aime
Va recevoir ma main libre de tout fouci:
Greffier, allez la prendre, & l'amenez ici.

LE GREFFIER.

Que je l'aille chercher ? vous me la donnez belle;
N'y comptez point du tout.

LE BAILLI.

     Eh quoi! petit rebelle,
Vous oferiez auffi réfifter à la loi?

LE GREFFIER.

Ces commiffions-là font indignes de moi.

LE BAILLI.

Gens qui vous valent bien, les feroient, téméraire.

LE GREFFIER.

Ils ne me valent pas, puifqu'ils pourroient les faire.

LE BAILLI.

Pour me contrarier, faquin, quels font tes droits?

LE GREFFIER.

Je défends le beau fexe opprimé par vos loix;
Ces loix qu'à votre gré votre intérêt ajufte,
Si le fexe en eût fait, il eût été plus jufte.
Pour la femme, en un mot, eft-ce un mal trop léger
De n'en éprouver qu'un, fans en pouvoir changer!
Faut-il donc s'immoler au joug d'une habitude?

Marier ſes beaux ans à la décrépitude ?
Unir le froid au chaud, & l'hyver au printemps ?
Calculez, vieux Bailli, vous avez ſoixante ans ;
Abandonnez la lice ouverte à la tendreſſe,
L'Amour, ainſi que Mars, ne rit qu'à la jeuneſſe.

LE BAILLI.

Conviens que j'ai ſouffert aſſez patiemment
Tes contradictions & ton entêtement :
Je ne ſais trop pourquoi, ſéditieux éleve,
Dans le rang de Greffier où ma bonté t'éleve.…

LE GREFFIER.

Ah! qu'à cela ne tienne ; allez, n'ayez pas peur,
Reprenez votre Greffe, & rendez-moi mon cœur :
Je vais vous étonner par un autre langage :
Laſſana.…

LE BAILLI.
Parle.

LE GREFFIER.
Eh bien, devinez.

LE BAILLI.
Oh ! je gage.…

Qu'elle eſt ta ſœur.

LE GREFFIER.
Tout juſte, il l'a dit.

LE BAILLI.
Tu vois bien

Qu'un liſeur de romans n'eſt étonné de rien.
Elle eſt ta ſœur, la choſe eſt pourtant admirable ;
Mais cela n'y fait rien, j'épouſe au préalable ;
Allez donc la chercher, chef de mes fiers Recors ;
Allez ; & que ce puits, témoin de nos accords.…
Mais elle même ici vous épargne la peine
De la prévenir.

SCENE IV.

Les Acteurs précédents, LASSANA.

LE BAILLI.

Viens, viens, mon cœur, viens, ma Reine :
Voici donc le moment qui doit me rendre heureux.

LASSANA.

Où fuis-je ? Ciel ! quel fpectre eft offert à mes yeux ?
L'ombre du grand Colas, le Bailli, j'extravague.

LE BAILLI.

Que penfer, en effet, d'un difcours auffi vague ?
Elle eft folle.

LE GREFFIER.

Ah ! ma fœur, tu perds un bel appui,
Ce Héros, ce Sergent.

LASSANA.

Ah ! qu'a-t-on fait de lui ?

LE GREFFIER.

Le Bailli l'a furpris par trahifon notoire,
Il maudit au cachot la robe & l'écritoire.

LASSANA.

Ainfi donc, c'en eft fait, tout eft défefpéré ;
Bailli, n'approchez pas, je vous étranglerai ;
Ami, je perds la tête, & la fureur m'égare,
Ou l'hymen ou la mort, le choix eft aifé... Gare.
                    (*Elle s'élance dans le puits*).

S C E N E V *& derniere.*

Les Acteurs précédents, BRISEFER, SOLDATS.

LE BAILLI.

J'ENTENDS du bruit, on vient ; ah ! m'auroit-on trahi ?

BRISEFER.

Laffana dans le puits ! fuivons-là, fautons-y.
                    (*Il fe jete dans le puits*).

LE BAILLI.

Au fecours, tirons-les, j'ai peur du tête-à-tête.
Ferme, courage, allons-donc, je les tiens, qu'on s'arrête.
Defcendez, couple Amant.
            (*Brifefer & Laffana s'affeyent fur le bord du puits*).

BRISEFER.

Idole de mon cœur,

Laffana.

LASSANA.
Brifefer, toi mon libérateur.

BRISEFER.
Laſſana, c'eſt moi-même ; oui, c'eſt moi qui t'adore ;
Qui t'arrache au trépas, à l'hymen pire encore :
Tes jours que j'ai ſauvés, vont donc m'appartenir !

LASSANA, *d'une voix éteinte.*
J'ai donné ma parole....

BRISEFER.
Et tu dois la tenir ;
Mais à moi.

LE BAILLI.
Doucement ; on ſait qu'elle eſt ma femme,
C'eſt moi qui la confiſque, & la loi la réclame.

BRISEFER.
Ne pouſſez point à bout mon amour irrité ;
Capitulons, papa, je vous offre un traité ;
Il faut perdre aujourd'hui la veuve ou les oreilles ;
Les choſes en ce cas....

LE BAILLI.
Sont loin d'être pareilles.
Épouſez-là.

LASSANA.
Je n'ai rien à te reprocher ;
Il eſt beau de monter dans les feux d'un bûcher ;
Mais celui qui conſent à nager pour ſa belle,
Conſentiroit de même à ſe brûler pour elle.

BRISEFER.
Chere Amante, partage après tout notre effroi,
Tant de reconnoiſſance entre ton frere & moi ;
Vous, peuple, eſpérez tout d'un changement propice.
Défenſeur de l'Etat, fameux dans la milice,
J'attaquerai la loi comme un horrible abus ;
Les Baillis ſurannés ne ſe marieront plus :
Sevré juſqu'aujourd'hui des douceurs du veuvage,
Cancale ſortira d'un ſi dur eſclavage,
Et les maris mourront avec impunité.
(*au Bailli*).
Pardonnez-moi, Bailli, mes airs de dignité.

LE BAILLI.
Oui, tout eſt pardonné ; qu'entre nous tout s'efface.

BRISEFER.

Melpomene à fon tour doit m'accorder ma grace;
En les traveftiffant, j'admire fes héros,
Le Parodifte rit; mais jamais il n'outrage;
Nul ne fait mieux prifer les beautés d'un ouvrage,
Que celui qui s'occupe à chercher fes défauts.

F I N.